활동과 대화를 통한

신나는 신입반

다음세대를 하나님의 말씀 위에
파이디온선교회

활동과 대화를 통한

신나는 신입반

1쇄 발행	2004년 1월 10일
개정 3쇄	2018년 5월 30일
집필	파이디온 집필 팀
발행처	(사)파이디온선교회

등록	2013년 9월 12일 제 2013-000163호
주소	서울특별시 서초구 서초대로 141-25(방배동, 세일빌딩)
전화	마케팅실 070) 4018-4040
팩스	마케팅실 031) 902-7750

값 4,000원

※ 본문에 나오는 성경은 한글개역개정을 사용했습니다.

머리말

한국 교회 주일 학교의 양적인 성장이 멈추었다는 소리가 들린다. 그나마 교회에 새로 등록하는 신입 회원들 중 대부분이 수평 이동에 의한 기존 신자일 뿐이고, 교회에 처음 발을 들여놓는 새 친구는 찾아보기가 힘들다는 말도 있다. 매달 새 친구들이 끊임없이 들어오기는 하는데 연말이 되어도 연초에 비교하여 출석 인원의 변화는 별로 없으니 답답할 뿐이다. 이대로 한 세대가 지나간다면 한국의 기독교인 수가 확연히 줄어들 것은 쉽게 예상해볼 수 있다.

확실히 지금은 한국 교회의 위기의 때다. 그러나 '위기(危機)'라는 한자어가 '위험과 기회'의 의미를 가진 것처럼 이 위험의 때를 기회의 때로 바라보는 믿음의 시각이 필요하다. 그런 의미에서 어떤 경로를 통해서든 교회의 부서로 찾아온 새 친구들, 전도를 강조하는 것도 중요하지만 전도되어 부서내로 찾아온 새 친구들을 잘 섬김으로 그들이 교회의 한 가족으로 정착하게 도와주는 신입반의 역할이 매우 중요하다.

그러나 신입반의 운영 현실을 보자. 열악하다고 하는 교회 교육 현실보다 더 열악한 것이 신입반의 모습이다. 교회에 처음으로 발을 들여놓은 아이들이 특별히 훈련받은 교사도 없고, 구별된 공간도 없고, 마땅한 교재나 프로그램도 없이 주먹구구식으로 운영되는 신입반에서 느낄 수 있는 감정들은 실망과 어색함뿐일 것이다. 이제부터는 교회 안으로 찾아온 천하보다 귀한 생명들이 어색함과 낯선 환경, 불편함을 털어내고 자신이 진심으로 환영받고 있다고 느낄 수 있는 분위기를 만들자. 또한 그보다 더욱 기쁘고 복된 예수님과 만나도록 이끌어주자. 어린이들이 교회 생활을 하면서 하나님을 더욱 알아가고 그분을 닮아가도록 성장시키자. 신입반 어린이들을 위해 심혈을 기울여 만든 「활동과 대화를 통한 신나는 신입반」 교재가 위기의 때를 지나고 있는 한국 교회에 도약의 기회를 제공하는 도구가 되길 간절히 기도한다.

교재의 개요

신입반 운영이 신입 어린이들을 피교육 대상자로만 인식하게 되면 무엇인가를 가르치려 하는 일방적인 주입식 교육이라는 오류에 빠지기 쉽다. 교회에 처음 발을 들여놓는 새 친구들에게 필요한 것은 짧은 시간에 많은 양의 정보를 받아들이는 것이 아니다. 그들은 낯설음과 어색함을 뛰어넘어 교회라는 가족 공동체 속으로 속히 편입되기를 원한다. 그렇게 되기 위해서는 교회 공동체의 특성상 다음의 세 대상에 대한 이해와 관계 형성이 우선되어야 한다.

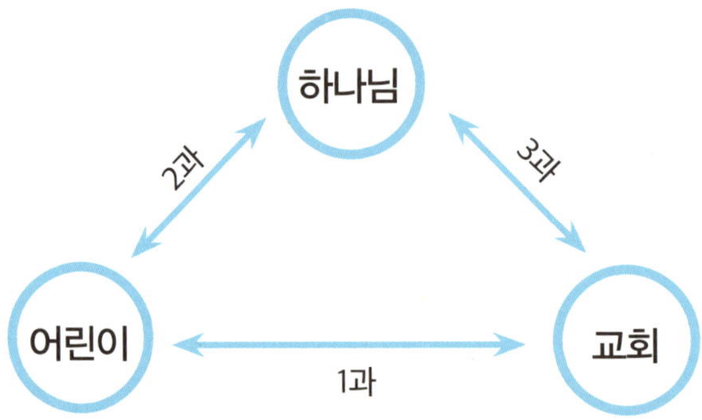

따라서 이 교재는 활동과 대화를 통해 어린이, 교회, 하나님 사이의 역동적인 관계 회복에 초점을 두고 있다.

1과 : 우리는 한 가족(교회와 어린이와의 관계 형성)

처음 교회를 찾아온 어린이가 교회와 첫 만남을 가지는 과정이다. 신입반 담당 교사와 더불어 어색함을 극복할 수 있는 Ice-braking 활동을 통해 가족과 같은 친밀함을 제한된 시간 내에 형성할 수 있도록 배려해놓았다.

2과 : 기쁜 소식이 있어요(하나님과 어린이와의 관계 회복)

죄 때문에 깨어진 인간과 하나님 사이의 관계를 회복하기 위해 이 땅에 오신 예수 그리스도를 소개하며, 십자가 사역의 의미를 복음 설명 카드를 통해 알게 한다. 믿지 않는 친구에게는 예수님을 자신의 구주로 영접할 수 있는 기회이며, 이미 믿는 친구에게는 복음의 개요를 확인할 수 있는 시간을 제공해준다.

3과 : 믿음으로 자라가요(교회를 통한 하나님과의 관계 진전)

등반을 앞둔 어린이에게 교회와 예배의 중요성에 대해 알리는 과정이다. 교회 공동체의 일원으로서 예배를 통해 어떻게 하나님과의 관계가 더 깊어질 수 있는가를 깨닫기 위해 예배의 다섯 가지 요소와 의미를 예배손 카드를 통해 배운다.

교사용 교재

각 과는 다음과 같은 기본 단계를 가지고 있으며, 각 단계에 대한 충분한 이해를 통해 더욱 효과적으로 신입반을 운영할 수 있다. 그리고 각 단계별로 예상 소요 시간을 명기해놓았고 전체 활동을 30분 안에 마무리할 수 있도록 구성함으로써, 주일 학교의 형편에 맞게 유연하게 대처할 수 있도록 하였다.

들어가기 각 과의 목적에 맞는 학생의 필요를 이끌어내는 과정. 활동과 게임을 통해 흥미를 유발시키고 동기를 부여한다.

나 누 기 각 과의 주제를 선명히 드러내고 자세히 알아보는 과정. 입체적인 학습 자료를 통해 주제를 익히고 느낄 수 있도록 한다.

마무리 하기 오늘 배운 내용을 상기하며 새로운 삶을 결심하는 과정. 약속 카드에 자신의 결심을 쓰고 발표하게 함으로 변화된 삶을 살아가도록 권면한다.

격려 카드 일주일의 삶 속에서 말씀을 따라 살도록 격려하는 과정. 주중에 주제가 담겨 있는 그림 엽서를 가정으로 발송함으로 관심과 격려가 이어지게 한다.

어린이 교재

어린이 교재는 책이 아니라 활동 자료로 구성되어 있다. 따라서 매주 각 과의 진행 상황에 따라 해당되는 자료들을 배부하여 활동에 이용하도록 되어 있으며, 어느 단계에서 어떤 자료를 사용해야 하는지는 교사용 교재에 자세한 그림과 함께 설명되어 있다. 활동 자료는 각 과의 목적과 필요에 따라 플래시 카드나 종이 접기, 그림 자료 등으로 구성되었으며 매과의 마지막에는 '약속 카드'를 통해 그날 배운 내용과 관련한 자신의 결심을 약속하는 기회를 제공한다. 한편 동봉된 그림 엽서는 '격려 카드'로 불리며 신입반 교사가 작성하여 주중에 신입 어린이의 집으로 발송함으로써 주일의 만남이 주중까지 연장되도록 배려했다.

1과

우리는 한 가족

학습 목표

선생님과 아이들이 서로를 이해함으로 친밀함을 갖게 하며 교회의 한 가족임을 느끼게 한다.

이 과의 개요

구분	소요 시간	활동 내용	준비물
들어가기	15분	나는요… 선생님과 아이들이 활동을 통해서 서로를 알아가며 친밀해지는 시간을 갖는다.	어린이 교재 1-1
나누기	5분	환영해요! 아이들이 교회의 한 가족이라는 소속감을 갖도록 만들어준다.	어린이 교재 1-2
마무리하기	5분	약속 카드를 만들어요 약속 카드를 작성하고 발표하게 함으로써 교회의 한 가족으로서 적극적으로 참여하도록 한다.	어린이 교재 1-3
격려 카드		격려 카드를 보내요 격려 카드를 작성하여 발송함으로 양육과 돌봄이 가정으로까지 이어지도록 한다.	어린이 교재 1-4

1-1

이름

학교
학년 반

가족

좋아하는
음식

나만의 습관

좋아하는
색깔

특기

좋아하는
TV 프로그램

1-2

1-3

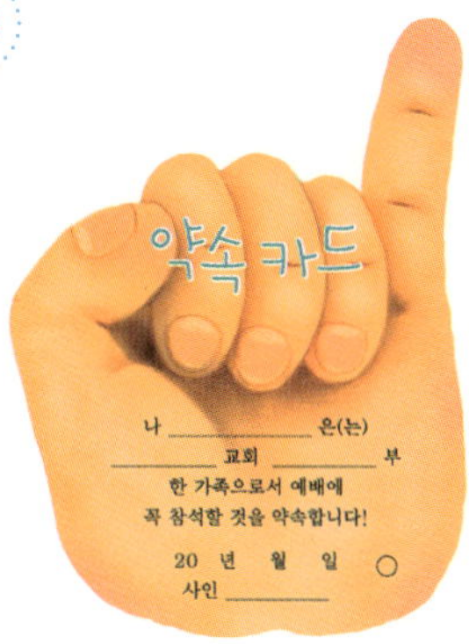

1-4

들어가기 나는요…

먼저 어린이 교재 1-1 자료인 자기 소개 플래시 카드 8장을 아이들에게 나눠주라.

여러분이 받은 8장의 카드를 보면 앞면에 이름, 학교 학년 반, 가족, 좋아하는 음식, 나만의 습관, 좋아하는 색깔, 특기, 좋아하는 TV 프로그램이라고 쓰여 있을 거예요. 이제 그 뒷면에 답을 큰 글씨로 적으세요.

아이들이 8장의 카드 뒷면에 답을 적을 수 있는 시간을 주고 교사 자신도 8장을 모두 준비하라. 단, 시간이 모자랄 경우나 혹은 저학년일 경우에는 상황에 따라 6장으로 줄일 수 있다. 아이들이 모두 적었으면 활동을 진행하라.

지금부터 여러분이 작성한 8장의 카드를 가지고 자기를 소개하는 활동을 할 거예요. 선생님이 먼저 소개할게요. 차례대로 카드를 보여주면서 소개할 때, 여러분은 모든 카드를 최대한 많이 기억해야 돼요. 그리고 나서 선생님이 했던 그대로 여러분도 자신을 소개해야 해요.

먼저 1번 카드부터 손에 들고 상대방에게 보여주면서 소개하라. 가령, 1번 카드의 앞면을 상대방에게 보여주면서 "이름은?"이라고 말한 뒤, 1번 카드의 뒷면을 보여주면서 "신원선!"이라고 외치라. 나머지 2번 카드부터 8번 카드까지 같은 요령으로 진행하면 된다. 교사와 어린이가 서로 자기 소개를 마치면 이제 서로 확인하는 활동을 진행하라.

이제 자기 소개를 마쳤으니까, 서로 한 가지씩 상대방에게 질문하면 답을 맞추는 활동을 하겠어요. 한 번씩 교대로 질문을 할텐데, 답을 맞추지 못하면 지는 거예요. 선생님이 먼저 질문할게요. 선생님의 이름은?

어린이가 말한 답이 틀릴 경우에는 다시 한 번 카드 뒷면을 보여주면서 답을 기억할 수 있도록 도와주라. 반대로 답이 맞으면 이제 어린이로 하여금 교사에게 질문하게 하라. 모든 활동을 마친 후 자리를 정리하고 말하라.

오늘 우리는 처음 만났지만 이 활동을 통해서 서로를 알게 되었어요. 우리에게는 서로 다른 점도 많지만, 한 가지 중요한 공통점이 있어요. 그것은 하나님이 우리를 사랑하신다는 거예요. 그리고 하나님이 우리의 만남을 계획하셨다는 거예요.

나누기 환영해요!

아이들에게 1-2 그림 자료를 나눠주고 말하라.

오늘 여러분이 우리 교회에 온 것을 가장 기뻐하고 축하해주시는 분은 바로 예수님이세요. 또한 선생님과 우리 친구들도 모두 여러분이 예수님의 한 가족이 된 것을 진심으로 환영해요. 그런데 이 그림에서 이상한 곳이 한 군데 있어요. 뭘까요? 맞아요, 그림 가운데 빈 사각형이 있지요. 여러분이 가지고 있는 이름 플래시 카드를 빈 사각형에 끼워넣으세요.

아이들이 이름 플래시 카드를 끼워넣으면 그림 아래에 있는 고린도전서 12장 27절 말씀을 찾아서 읽고 빈칸에 단어를 채워넣게 하라.

방금 읽은 말씀은 우리가 한 몸이라는 것을 이야기하고 있어요. 예수님이 머리가 되시고 우리는 모두 눈, 코, 귀, 입과 같은 몸의 각 부분과 같아요. 그래서 여러분 한 사람이 아무리 작아 보여도 예수님에게는 매우 소중한 사람이랍니다.

이제 아이들에게 1-2 그림 뒷면에 있는 4가지 질문에 대한 자신의 생각을 □칸에 ∨표를 하게 하라. 이 자료는 2과의 복음 제시에 앞서 어린이에 대한 유용한 자료로 사용될 수 있을 것이다.

마무리하기 약속 카드를 만들어요

아이들에게 1-3 자료인 손 모양의 약속 카드를 나눠준 후에 말하라.

오늘 여러분이 OO교회 OO부에 처음 와서 함께 예배드리게 되어 참 기뻐요. 이제 마지막으로 나눠주는 이 카드는 우리 교회의 한 가족으로 예배드리겠다고 약속하는 카드예요. 빈칸에 이름과 날짜를 적고 사인을 하세요.

나 __________은(는)

__________교회 ________부

한 가족으로서 예배에
꼭 참석할 것을 약속합니다!

20　년　　월　　일
사인 ___________

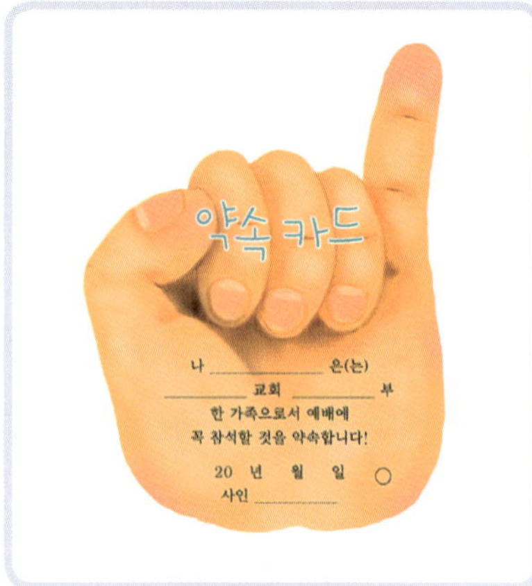

어린이들이 사인을 마치고 나면 한 사람씩 자신이 기록한 약속 카드의 내용을 소리 내어 읽게 하라.

어린이들이 다 쓴 약속 카드는 교사가 보관하고 마지막 주에 세 장 모두 고리로 묶어서 어린이에게 줍니다.

격려 카드 격려 카드를 보내요

첫 만남이 끝난 후에 교사는 어린이 교재 1-4인 격려 카드에 각각의 어린이들에게 격려와 축복의 메시지를 적어 주중에 우편으로 발송하라. 격려 카드는 아이들에게는 물론 믿지 않는 부모님들에게도 교회의 관심과 사랑을 전달함으로 교회 출석을 더욱 견고히할 수 있는 기회가 될 것이다.

▶ 편지의 예

○○아, 오늘 우리 교회에 와서 함께 예배드리게 되어 정말 기쁘구나.
선생님은 ○○이가 교회에 처음 나왔는데도 진지하게 예배를 드리고 말씀을 듣는 모습에 감동을 받았단다.
아마 처음에는 예배드리는 것도 익숙하지 않고 힘들겠지만, 몇 주만 지나면 재미있을 거야.
다음 주에는 선생님이 신입반 친구들을 위해서 맛있는 간식을 준비해올 테니까 빠지지 않고 나왔으면 좋겠구나.
그럼 일주일 동안 건강하게 잘 지내고 주일에 기쁜 얼굴로 교회에서 만나자.

20　년 O월 O일　○○○ 선생님으로부터

key Point

첫 만남인 1과에서는 아이들이 마음을 열고 사랑과 환영의 마음을 받아들일 수 있게 해야 합니다. 이를 위해서는 공과를 매끄럽게 진행하는 것도 중요하지만, 근본적으로 아이들을 맞이하는 신입반 교사의 자세나 표정, 옷차림, 말투, 분위기에서 호감을 주어야 합니다. 신입반 교사와의 첫 만남을 통해 아이들이 평생을 주 앞에 헌신하도록 기도하며 준비한다면 성령께서 도와주셔서 아름다운 열매를 거두게 할 것입니다.

TIP 1 신입반을 위해 투자하라!

❖ 신입반을 전담할 교사를 세우라

교회마다 각 반의 담임 교사조차도 부족한 것이 현실입니다. 그러나 신입반을 위한 전담 교사를 세움으로 주일 학교의 뒷문을 막는 것이 더 중요합니다.

❖ 신입반을 위한 최상의 장소를 마련하라

교회에 어렵게 첫발을 내딛은 아이들을 위한 환경적인 배려가 느껴지도록 조용하고 편안한 장소를 준비해야 합니다.

❖ 신입반을 위한 예산을 배정하라

신입반을 위한 환경적인 투자만큼 재정적인 지원도 무시할 수 없습니다. 한 영혼을 살리는 데 교재 구입하는 것을 주저하지 마십시오. 심은 대로 거두게 될 것입니다.

❖ 등반할 때는 진심 어린 축하와 의미 있는 선물을 준비하라

한 아이라도 등반할 때는 교사들과 친구들이 모두 기쁨으로 환영하는 분위기를 조성하세요. 여기에 정성이 담긴 선물을 준비한다면 더욱 좋을 것입니다.

TIP 2 기대감을 불러 일으키라!

❖ 첫 만남에서 좋은 이미지를 전달하라

신입반 교사만의 깨끗하고 산뜻한 복장을 준비하세요. 항상 밝은 미소와 더불어 그 아이만을 위한 칭찬거리를 찾아 여러 번 격려함으로 좋은 이미지를 심어주는 것이 중요합니다.

❖ 사진을 최대한 활용하라

먼저 즉석 사진기나 디지털 카메라로 처음 온 아이의 사진을 찍습니다. 그리고 나서 1-4 자료에 어린이의 사진을 붙여서 코팅을 해서 편지를 보낸다면 잊지 못할 선물이 될 것입니다.

❖ 다음 주를 기대할 수 있도록 광고하라

처음 나온 어린이에게 다음 주에 대한 기대감을 불러일으키기 위해서는 2과의 활동에 대한 예고나 작은 선물을 약속하는 것, 또는 신입반만을 위한 간식 예고 등으로 동기를 부여 하는 것도 필요합니다.

2과

기쁜 소식이 있어요

학습 목표

복음의 핵심을 명확하게 소개함으로써 아이들이 예수님을 자신의 구주와 주님으로 영접하고 결신하게 한다.

이 과의 개요

구분	소요 시간	활동 내용	준비물
들어가기	10분	풀리지 않는 문제 칠교 퍼즐 조각을 맞춰보며 문제에 대한 해결책을 알아보고, 인간이 풀 수 없는 죄의 문제에 대한 심각성을 알게 한다.	어린이 교재 2-1, 2-2
나누기	10분	Good News 복음 설명 카드를 이용하여 복음의 핵심을 흥미롭고 선명하게 전함으로 결신케 한다.	어린이 교재 2-3
마무리하기	5분	약속 카드를 만들어요 약속 카드를 작성하고 발표하게 함으로써 하나님의 자녀됨에 대한 확신을 갖게 하고 격려를 받게 한다.	어린이 교재 2-4
격려 카드		격려 카드를 보내요 격려 카드를 작성하여 발송함으로 양육과 돌봄이 가정으로까지 이어지도록 한다.	어린이 교재 2-5

2-1

2-2

2-3

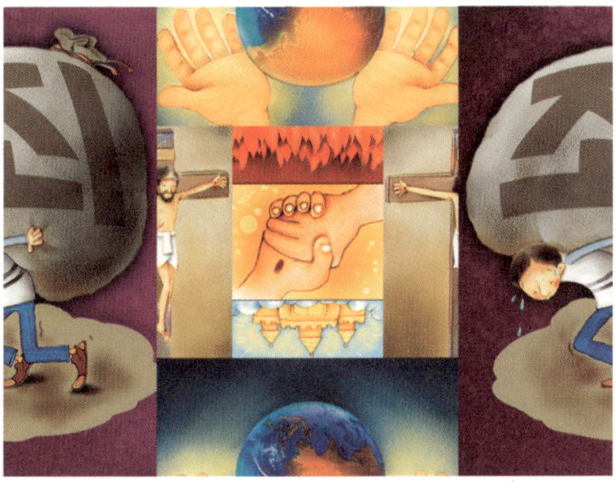

2-4

약속 카드
나 ________ 은(는)
이제부터 나의 죄를 위해 돌아가신
예수님을 내 마음의 주인으로 모시고
예수님 뜻대로 살겠습니다.
20 년 월 일
사인 ________

2-5

들어가기 풀리지 않는 문제

아이들에게 어린이 교재 2-1의 '칠교' 퍼즐 조각을 한 세트씩 나눠주라. 그리고 옆 페이지에 있는 낙타 그림을 펴놓고 말하라.

'칠교'란 일곱 조각의 기하학적 모양을 사용하여 다양한 모습을 맞추는 놀이다. 중국에서 수천 년 전에 시작된 이 기하학적 퍼즐은 현재 전 세계인이 즐기는 대중적인 놀이가 되었으며 'Tangram'으로 불린다.

여러분에게 나눠준 7개의 퍼즐 조각을 이용해서 지금부터 선생님이 보여주는 낙타그림을 만들어보세요. 단, 이 그림을 눈으로만 보고 퍼즐을 완성해야 돼요.

2-3분 정도의 시간이 지난 후 다시 조각그림의 안내선이 그려져 있는 어린이 교재 2-2를 나눠주고 그 위에 맞추게 한 후에 말하라.

안내선이 있는 그림판 위에 조각을 맞추어보니까 어떤가요? 너무 쉽게 퍼즐이 완성되었지요? 아무리 어렵게 보이는 문제라도 조금만 노력하면 해결할 수 있는 방법이 있답니다. 하지만 아무리 노력해도 우리의 힘으로는 도저히 해결할 수 없는 문제가 한 가지 있어요. 그것은 바로 '죄의 문제'예요. 성경은 '모든 사람이 죄인'(롬 3:23)이라고 말씀하고 있어요. 모든 사람이 죄 때문에 고통당하고, 죽은 후에는 지옥에서 영원한 벌을 받게 돼요. 그렇다면 어떻게 해야 죄의 문제를 해결할 수 있을까요?
오늘 여러분에게 죄의 문제를 해결할 수 있는 기쁘고 복된 소식을 알려줄 거예요. 그 기쁜 소식이 무엇인지 잘 들어보세요.

나누기 Good News

아이들에게 어린이 교재 2-3 자료인 복음 전도 카드를 나눠주라.

어린이 교재 2-3은 복음의 핵심을 새 친구들에게 흥미롭게 전할 수 있는 복음 전도 카드입니다. 순서대로 접어가면서 계속적으로 보여지는 이미지들이 아이들에게 기대감과 흥미를 지속시킴으로 짧은 시간에 복음을 인상적으로 소개할 수 있을 것입니다. 아래에 나와 있는 그림 설명의 순서를 먼저 숙지한 후에 능숙하고 유연하게 활용하세요.

먼저 교사가 순서대로 접어가면서 끝까지 복음을 전하라. 그리고 나서 아이들과 함께 순서에 따라 차근차근 접어가면서 아래와 같은 순서로 복음을 제시하라.

1단계

2단계

3단계

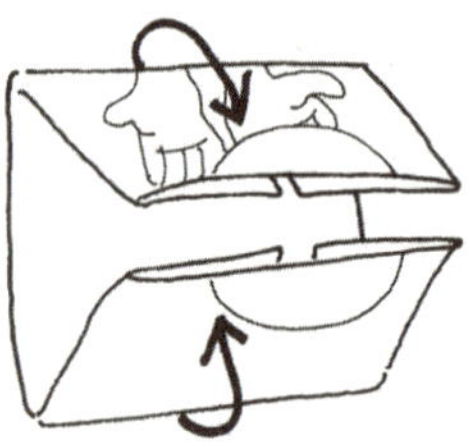

4단계

5단계

1단계(하늘나라)

아름다운 하늘나라가 있어요. 하늘나라는 우리가 착한 일을 많이 한다고 갈 수 있는 것이 아니에요. 그것은… (안으로 접는다)

2단계(인간)

너 나 할 것 없이 모든 사람이 죄를 지었기 때문이죠. 죄 지은 사람은 죽을 수밖에 없어요. 그런데… (안으로 접는다)

3단계(하나님)

하나님은 우리를 사랑하셔서 우리가 죽지 않고 영원히 하늘나라에 거하기를 원하세요. 하지만 우리가 지은 죄는 반드시 벌하셔야만 해요. 그래서… (안으로 접는다)

4단계(예수님)

예수님을 이 땅에 보내주셨어요. 예수님은 십자가에 죽으심으로 우리의 죄 값을 치르시고 천국을 선물로 마련해주셨어요. 그러나… (뒷면이 나오도록 뒤집는다)

5단계(믿음)

그 사실을 안다고 하늘나라에 가는 것은 아니에요. 예수님을 내 구주로 믿어야만 하지요. 지금 선택하세요. (천국을 가리키며) 예수님을 나의 구주와 주님으로 영접하고 천국으로 갈 것인지, 아니면 (지옥을 가리키며) 예수님을 거절하고 영원한 지옥으로 갈 것인지.
복음에 대하여 아이들이 긍정적으로 반응하면 결신 기도를 한 마디씩 따라하게 하라.

6단계(결신 기도)

주 예수님/ 저는 죄인입니다/ 저의 죄 때문에/ 예수님이 대신 죽으신 것을 믿습니다/
제 마음에 오셔서/ 내 구주와 주님이 되어주세요/ 예수님의 이름으로 기도합니다/ 아멘

영접 기도를 따라하게 한 후 요한복음 1장 12절의 말씀을 읽어주고 아래와 같이 자신의 이름을 넣어 읽게 하라. 아이들의 마음에 확신을 심어주게 되고, 격려가 될 것이다.

“영접하는 OOO, 곧 그 이름을 믿는 OOO에게는 하나님의 자녀가 되는 권세를 주셨으니… ”

TIP 1

Q : 복음을 거부하거나 결신을 주저하는 아이들에게는 어떻게 해야 하나요?

A : 주저하는 아이들에게는 복음을 다시 한 번 간단하게 소개해주세요. 지금 당장이 아니더라도 계속 관심을 가지고 복음을 전할 수 있는 ‘기회’를 모색하는 것이 좋습니다. 아이들을 다그치거나 가르치려는 태도를 버리고 성령 하나님의 일하심을 신뢰하며 좋은 인상을 남기는 것이 중요합니다.

마무리하기 약속 카드를 만들어요

어린이 교재 2-4의 약속 카드를 아이들에게 나눠주고 말하라.

오늘 배운 내용을 생각하며 약속 카드에 적힌 내용을 읽은 후 자신의 이름을 쓰고 사인하도록 하세요.

나 ___________ 은(는)
이제부터 나의 죄를 위해 돌아가신
예수님을 내 마음의 주인으로 모시고
예수님 뜻대로 살겠습니다.

20　　년　　월　　일
사인 ___________

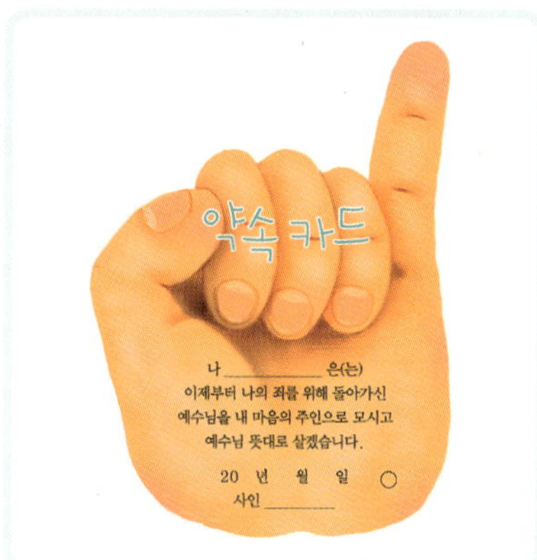

모든 어린이들이 사인을 마치고 나면 한 사람씩 일어나 카드 내용을 소리 내어 읽게 하라. 그리고 나서 각 사람의 발표가 끝날 때마다 선생님과 친구들은 입을 모아 "하나님의 자녀된 것을 축하해"라고 외치게하라. 결신한 친구들에게 큰 기쁨과 힘이 될 것이다.

격려 카드 격려 카드를 보내요

두 번째 만남이 끝난 후에 교사는 어린이 교재 2-5의 격려 카드에 각각의 어린이들에게 격려와 축복의 메시지를 적어 주중에 우편으로 발송하라. 두 번째 격려 카드를 받으면 교회와 선생님에 대한 아이들의 관심이 더욱 커질 것이다.

▶ 편지의 예

○○아, 벌써 두 번째 엽서를 보내게 되었구나.
○○이가 예수님을 알게 되고 또 마음에 모시게 된 지난 주일은 아마 천국에서 큰 잔치가 벌어진 날일 거야.
하나님도 기뻐하시고 예수님도 좋아하셨겠지만 선생님의 마음도 뛸 듯이 기뻤단다. 이제 하나님의 자녀가 된 천국 백성으로서 ○○이의 신나고 멋진 활동을 기대할게.
그럼 주일에 기쁜 얼굴로 교회에서 만나자.
항상 건강하렴.

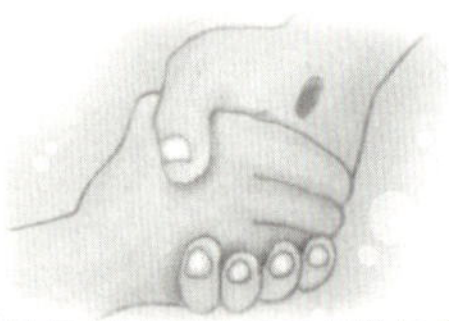

20 년 O월 O일 신입반 ○○○ 선생님으로부터

key Point

두 번째 만남인 2과에서는 아이들이 마음을 열고 예수 그리스도를 구주로 영접하도록 돕는 것이 중요합니다. 물론 이것은 강요나 협박으로 이뤄지지 않습니다. 성령의 도우심을 구하며 그 아이의 마음을 열어주시도록 기도하면서 차근차근 복음을 제시해야 합니다.

TIP ❷

이 교재를 다양하게 활용하라!

❖ 제자 훈련을 위한 오리엔테이션

제자 훈련이나 여러 가지 양육 프로그램을 할 때 먼저 기초적인 것을 확인하는 차원으로 이 교재를 사용할 수 있습니다. 기존의 어린이들의 영적인 상태를 진단하는 도구가 될 것입니다.

❖ 개인 전도를 위한 도구

특별히 2과의 복음 전도 카드는 학교 앞에서 아이들을 전도할 때 사용할 수 있는 효과적인 도구입니다. 정해진 순서에 따라 접어가면서 복음을 제시한다면 아이들이 눈을 떼지 못하고 집중하여 복음을 듣게 될 것입니다.

❖ 국내 전도 및 해외 단기 선교를 위한 교재

이 교재는 아이들이 참여하는 활동 중심의 교재로써 국내외 선교지에서 전도 도구나 성경 공부 교재로 사용하기에 좋은 도구가 될 것입니다.

TIP ❸

진단 질문을 복음 제시에 최대한 활용하라!

❖ 이미 예수님을 영접한 어린이라면?

1과에서 진단 질문 결과, 이미 예수님을 영접했다고 고백하는 어린이에게는 "네가 알고 있는 복음을 다시 한 번 확인하면서 정리해보자"라고 말하면서 함께 복음 전도 카드를 접어가며 설명하세요. 혹은 그 어린이로 하여금 직접 자신의 입으로 복음을 설명하도록 유도하는 것도 좋은 방법입니다.

❖ 예수님과 천국에 대한 확신이 없는 어린이라면?

구원의 확신이 없는 어린이들에게 복음을 제시하는 시간은 매우 중요합니다. 마치 그 아이에게 마지막 기회일지도 모른다는 절박한 심정을 가지고 성령의 도우심을 구하며 복음을 제시해야 합니다. 그러나 영접하지 않는다고 해서 당황하거나 화를 내서는 안 됩니다.

3과

믿음으로 자라가요

학습 목표

영적 성장으로 나아가는 출발점인 예배에 대해 이해함으로써 하나님의 자녀로 성장하도록 돕는다.

이 과의 개요

구분	소요 시간	활동 내용	준비물
들어가기	5분	이상한 점을 찾아라! 우리를 향한 하나님의 기대가 무엇인지를 알게 한다.	어린이 교재 3-1
나누기	15분	자라가라! 말씀, 기도, 찬양, 헌금, 교제를 통해 하나님의 자녀로 자라가도록 돕는다.	어린이 교재 3-2
마무리하기	5분	약속 카드를 만들어요 약속 카드를 작성하고 발표하게 함으로써 멋진 하나님의 자녀로 자라갈 것을 결심하게 한다.	어린이 교재 3-3
격려 카드		격려 카드를 보내요 격려 카드를 작성하여 발송함으로 양육과 돌봄이 가정으로까지 이어지도록 한다.	어린이 교재 3-4

3-1

3-3

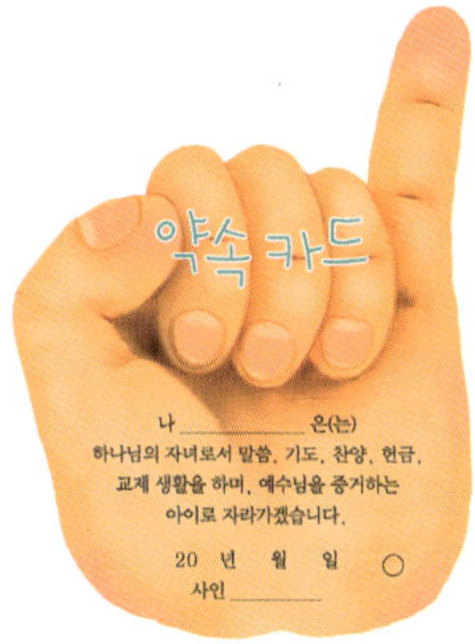
약속 카드
나 ________ 은(는)
하나님의 자녀로서 말씀, 기도, 찬양, 헌금,
교제 생활을 하며, 예수님을 증거하는
아이로 자라가겠습니다.
20 년 월 일
사인 ________

3-2

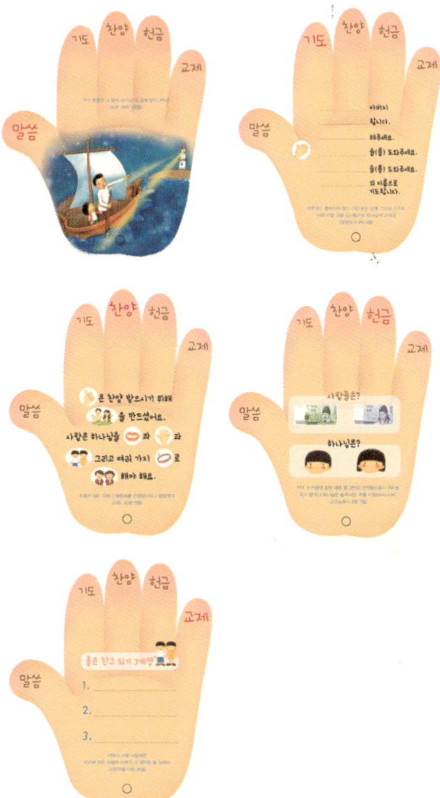
기도
찬양
헌금
교제
말씀

3-4

들어가기 이상한 점을 찾아라!

아이들에게 어린이용 교재에서 젖병을 물고 있는 두 사람의 그림(3-1 플래시 카드)을 나눠주라. 그리고 아이들에게 1분 동안 3-1 플래시 카드를 보게 한 후 각자 발견한 이상한 점을 서로 이야기하게 하라.

여러분이 말했던 것처럼 사람이 나이를 먹었는데도 여전히 어린아이의 생각과 행동을 한다면 정말 이상할 거예요. 사람은 나이를 먹어 감에 따라 생각과 행동도 함께 자라가야 해요. 마찬가지로 예수님을 믿게 된 우리들은 하나님의 자녀로 자라가야 해요. 우리가 하나님의 자녀로 건강하게 자라기 위해서 꼭 필요한 것이 있어요. 이제부터 그것이 무엇인지 알아보기로 해요.

나누기 자라가라!

아이들에게 어린이 교재 3-2 그림 자료를 나눠주라. 그리고 5개의 손 모양 카드를 고리로 연결하고 한 장씩 넘기면서 진행하라.

여러분이 갖고 있는 손 모양 카드의 이름은 예배손이에요. 예수님을 구주와 주님으로 믿게 된 우리들이 하나님의 건강한 자녀로 자라기 위해 가장 먼저 해야 할 일은 하나님께 예배드리는 거예요. 우리의 몸이 자라기 위해서는 음식을 먹어 영양분을 얻어야 하는 것처럼 하나님의 자녀로서 건강하게 자라가기 위해서 예배라는 영양분이 필요해요. 이제부터 예배의 구체적 내용에 대해 알아보기로 해요.

우선 첫 번째로 말씀손 카드를 펴게 하라. 그리고 아이들에게 말씀손 카드에 그려진 등대 그림에 관한 이야기를 해주라.

캄캄한 바다를 항해하는 뱃사람에게 꼭 필요한 것이 있어요. 그것은 바로 등대예요. 캄캄한 바다 위에서 어디로 가야 할지 모르고 헤매이던 뱃사람도 등대의 불빛을 보면 마음이 편안해져요. 왜냐하면 등대의 불빛을 믿고 따라가면 자신이 가고자 하는 목적지에 안전하게 도착할 수 있기

때문이죠. 하나님의 말씀도 어두운 세상 속에서 어디로 가야 할지 모르고 헤매이는 사람들에게 어떻게 살아가야 하는지를 밝히보여줘요. 하나님의 말씀만을 따라가면 언제나 안전하게 목적지에 도착할 수 있어요. 그래서 성경은 "주의 말씀은 내 발에 등이요 내 길에 빛이니이다"(시 119:105)라고 말씀해요.

두 번째로 기도손 카드를 펴게 하라. 그리고 빈칸에 내용을 적게 하라.

우리가 하나님의 자녀로서 멋지게 자라기 위해서 필요한 두 번째 영양분은 기도예요. 기도손 카드를 보면 우리가 어떻게 하나님께 기도해야 하는지를 알 수 있어요. 기도손 카드의 빈칸에 여러분이 생각하는 기도의 내용을 적어보세요.

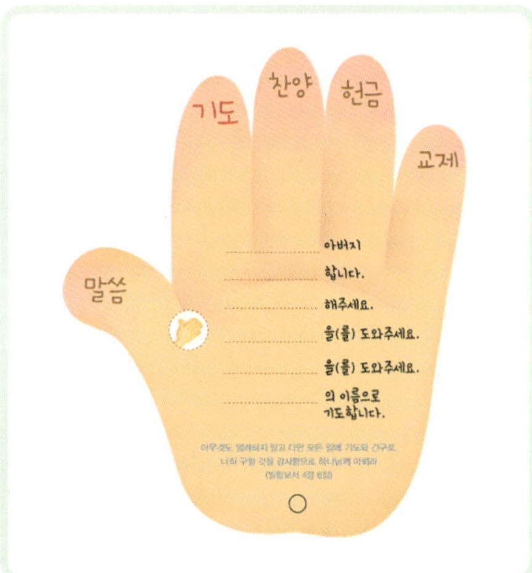

하나님 아버지
감사합니다.
용서해주세요.
저를 도와주세요.
그들을 도와주세요.
예수님의 이름으로 기도합니다.

아이들에게 1분의 시간을 주고 빈칸 안에 내용을 적게 한 후 돌아가면서 이야기하게 하라.

사람들이 매일마다 서로 솔직하게 이야기를 나누면 서로 친해지듯이, 우리도 날마다 기도하면 하나님과 친해지게 돼요. 그리고 기도할 때 우리의 믿음도 자라게 돼요. 성경은 "아무것도 염려하지 말고 다만 모든 일에 기도와 간구로 너희 구할 것을 감사함으로 하나님께 아뢰라"(빌 4:6)고 말씀해요.

세 번째로 찬양손 카드를 펴게 하라. 그리고 아이들이 찬양손 카드에 적힌 문장을 읽게 하라.

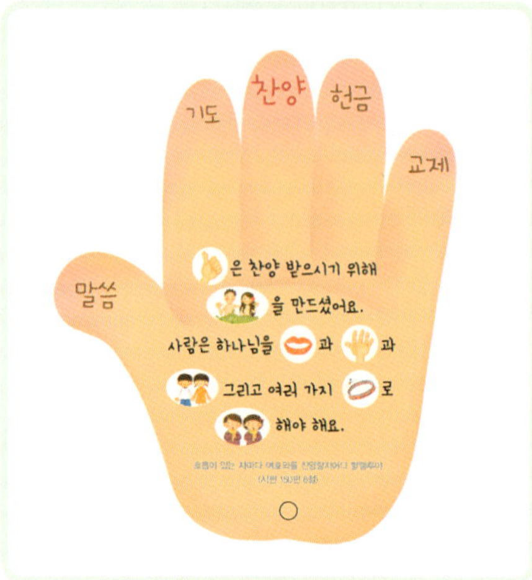

이것은 우리가 하나님을 찬양하는 이유와 방법에 대한 그림 문장이에요. 선생님이 그림 문장을 읽어볼게요.

"(하나님)은 찬양받으시기 위해 (사람)을 만드셨어요. 사람은 하나님을 (입술)과 (손)과 (몸) 그리고 여러 가지 (악기)로 (찬양)해야 해요."

하나님은 찬양받으시기 위해 사람을 만드셨어요. 그래서 우리가 하나님을 찬양하는 거예요. 성경은 "호흡이 있는 자마다 여호와를 찬양할지어다 할렐루야"(시 150:6)라고 말씀해요.

네 번째로 헌금손 카드를 펴게 하라. 그리고 아이들이 헌금손 카드에 적혀 있는 헌금 방정식을 보고 부등호(<, =, >)를 표시하게 하라.

여러분이 보고 있는 헌금손 카드를 보면 사람들이 만 원짜리 지폐와 천 원짜리 지폐 중 어떤 것을 더 좋아하는지 묻고 있어요. 여러분들이 부등호로 표시해보세요. 다음에는 아까워하는 표정으로 하나님께 드리는 어린이와 기쁜 표정으로 하나님께 드리는 어린이 중에서 하나님이 어느 모습을 더 좋아하실지를 묻고 있어요. 여러분이 부등호로 표시해보세요.

아이들이 부등호로 표시한 내용을 서로 돌아가면서 이야기하게 한 후에 말하라.

하나님은 감사와 기쁨으로 드리는 헌금을 좋아하세요. 아무리 많은 헌금을 드린다고 해도 억지로 하거나 아까운 마음으로 한다면 하나님은 결코 기뻐하지 않으세요. 그래서 성경은 "각각 그 마음에 정한 대로 할 것이요 인색함으로나 억지로 하지 말지니 하나님은 즐겨 내는 자를 사랑하시느니라"(고후 9:7)라고 말씀해요.

마지막으로 교제손 카드를 펴게 하라. 그리고 아이들에게 교제손 카드에 좋은 친구가 되기 위한 3계명을 각자 적게 하라.

이제부터 여러분이 다른 사람과 좋은 친구가 되기 위해 어떻게 해야 하는지를 자신이 실천할 수 있는 계명 3가지를 적어보세요.

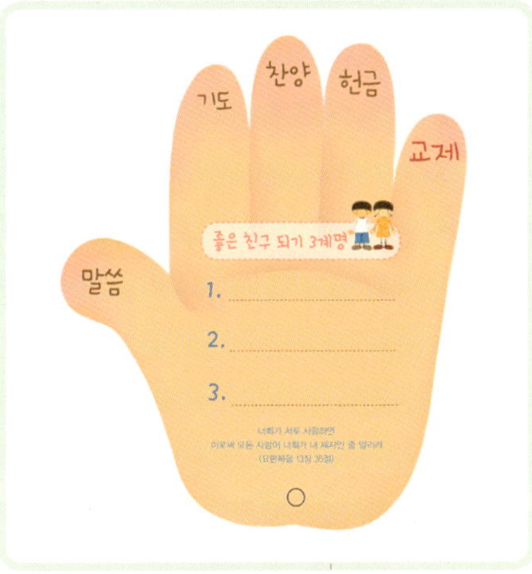

아이들이 내용을 다 적은 후에 돌아가면서 이야기하게 하라.

하나님은 우리가 다른 사람들과 좋은 친구가 되기를 원하세요. 우리가 다른 사람과 다투고 서로 미워한다면 하나님은 마음이 아프실 거예요. 서로 사랑할 때 우리는 좋은 친구가 될 수 있어요. 그리고 멋진 하나님의 자녀로 자라갈 거예요. 그래서 성경은 "너희가 서로 사랑하면 이로써 모든 사람이 너희가 내 제자인 줄 알리라"(요 13:35)라고 말씀해요.

마무리하기 약속 카드를 만들어요

어린이 교재 3-3 약속 카드를 아이들에게 나눠주라.

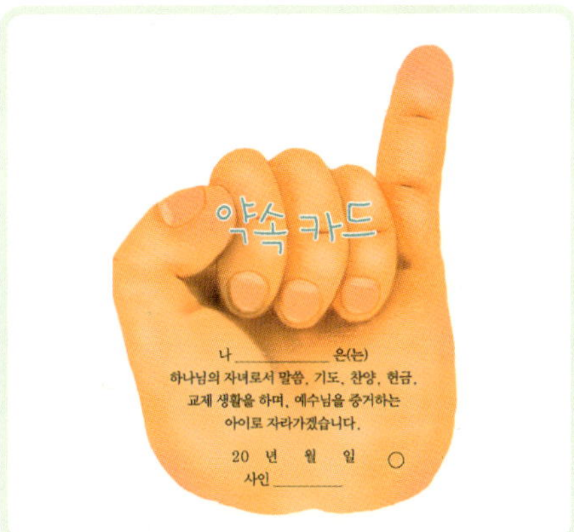

오늘 우리는 예배손을 통해 하나님과 더 가까워질 수 있는 길을 알게 되었어요. 하나님은 우리가 하나님의 자녀라는 사실을 주위 사람들에게 증거하는 삶을 살기 원하세요. 다른 사람들에게 하나님을 증거하기 위해서는 첫째, '내가 하나님의 자녀라는 사실'을 드러내야 해요. 둘째, '하나님을 부끄럽지 않게 하는 삶'을 살기로 결심해야 해요. 셋째, '다른 아이들도 하나님의 자녀가 될 수 있게 교회로 인도'해야 해요. 그러면 다 함께 약속 카드를 통해 우리의 마음을 결심하기로 해요.

카드의 내용을 읽고 자신의 이름을 적고 사인을 하게 하라. 모두 적은 후에 돌아가면서 자신의 카드 내용을 발표하게 하라. 아이들의 발표가 끝날 때마다 선생님과 친구들은 함께 "하나님 자녀로 멋지게 자라가라"고 크게 외치며 격려하라.

나 __________은(는) 하나님의 자녀로서

말씀, 기도, 찬양, 헌금, 교제 생활을 하며, 예수님을 증거하는 아이로 자라가겠습니다.

20 년 월 일

사인 __________

격려 카드 격려 카드를 보내요

세 번째 만남이 끝난 후에 교사는 어린이 교재 3-4의 격려 카드에 각각의 어린이들에게 격려와 축복의 메시지를 적어 주중에 우편으로 발송하라. 세 번째 격려 카드에서 아이들은 교회를 통한 하나님과의 관계에 진전을 맛보게 될 것이다.

▶ 편지의 예

○○아, 너와 만난 지도 벌써 3주가 지났구나.
선생님은 너를 만나게 해주신 하나님께 감사하고 있단다.
그리고 매주일 하나님의 자녀로 자라가는
너를 볼 때 정말 행복하단다.
너의 등반을 온 맘으로 축하한다.
멋진 하나님의 사람으로 자라가거라.
○○아 사랑한다.

20 년 O월 O일 신입반 ○○○ 선생님으로부터

3주 과정을 마치며…

3주 과정을 마친 아이들을 격려하고 등반을 축하하는 노래를 불러주세요.

key Point

세 번째 만남인 3과에서는 예수 그리스도를 영접한 아이들이 계속해서 자라가도록 동기를 부여하는 것이 중요합니다. 3과를 마치고 다음 주에는 어떤 반으로 등반을 시킬 것인지 고려해야 합니다. 또한 등반 이후에도 각 반에 잘 적응하고 있는지에 대해 끊임없는 관심을 갖는 것이 중요합니다.

TIP 1

신입반 교사 운영 이렇게 하라!

❖ **가능하다면 신입반 교사를 세 명 세우라**

본 교재의 특성상 각 과별로 한 명의 교사를 배정하는 것이 최대의 효과를 낼 수 있습니다.

❖ **신입반 교사가 두 명일 경우에 이렇게 하라**

신입반 교사를 2명으로 배정할 경우, A 교사는 1과만 전담합니다. 나머지 B 교사는 2과와 3과를 순환식으로 가르칠 수 있습니다. 즉 아이들이 결석없이 출석했을 경우에는 [1과 → 2과 → 3과]의 순서로, 한 번 결석했을 때는 [1과 → 3과 → 2과]의 순서로 가르치면 됩니다.

❖ **신입반 교사가 한 명일 경우에 이렇게 하라**

현실적으로는 대부분의 교회가 신입반 교사를 배정하지 못하거나 한 명 정도를 배정하고 있습니다. 따라서 이럴 경우에는 한 명의 교사가 1과와 2과를 순환식으로 가르치고 나머지 3과를 등반시켜서 담임 교사로 하여금 가르치게 할 수 있습니다.

TIP 2

신입반에서 등반, 등반 그 이후까지 보살피라

❖ **새 친구들로 구성된 새싹반을 운영하라**

서울의 모교회에서는 새 친구들로만 구성된 반을 따로 운영합니다. 기존 반에 편입될 경우 적응하지 못하고 떨어져나갈 수 있는 학생들이지만 새 친구들로만 구성된 '새싹반'에서는 같은 처지를 이해하는 친구들의 배려를 통해 잘 정착할 수 있습니다. 새싹반의 인원이 많아질 경우에는 따로 분리하여 새로운 반을 만들고, 새싹반은 다시 0명으로 시작하여 새로운 친구들을 받아들이면 됩니다.

❖ **반 배정에 신중을 기하라**

친구의 전도로 교회를 처음 나왔을 경우에는 그 친구를 따라 등반하면 됩니다. 그러나 그 외의 경우에는 아이의 나이나 성별, 성격, 부모의 신앙 여부에 따라 담임 선생님을 배정하는 것이 좋습니다.

❖ **등반 기념 반별 파티를 기획하라**

새 친구가 반에 배정받아 등반을 하는 주일 전날 토요일에 반 친구들과 새 친구가 먼저 만날 수 있는 기회를 만드는 것이 좋습니다. 간단한 떡볶기 파티나 피자 파티를 통해 새 친구의 얼굴을 먼저 익히면, 등반하는 당일 서먹서먹하지 않게 반으로 편입될 수 있습니다. 새 친구가 올 때마다 토요일 파티가 열리니 새 친구를 마다할 리 없겠지요?

❖ **신입반 Home Coming Day를 기획하라**

신입반을 거쳐 각 반에 소속된 어린이들 가운데는 1-2개월이 지나 보이지 않는 어린이들이 생겨날 수 있습니다. 신입반에서 받았던 관심과 배려가 등반 이후에 이어지지 않기 때문이기도 합니다. 이에 대한 보완책으로 3개월 내지 6개월마다 신입반을 거쳐간 어린이들만의 Home Coming Day를 마련하여 격려하고 축복하는 시간을 갖는 것이 필요합니다.

활동과 대화를 통한

신나는 신입반